essentials

Essentials liefern aktuelles Wissen in konzentrierter Form. Die Essenz dessen, worauf es als „State-of-the-Art" in der gegenwärtigen Fachdiskussion oder in der Praxis ankommt. *Essentials* informieren schnell, unkompliziert und verständlich

- als Einführung in ein aktuelles Thema aus Ihrem Fachgebiet
- als Einstieg in ein für Sie noch unbekanntes Themenfeld
- als Einblick, um zum Thema mitreden zu können

Die Bücher in elektronischer und gedruckter Form bringen das Fachwissen von Springerautor*innen kompakt zur Darstellung. Sie sind besonders für die Nutzung als eBook auf Tablet-PCs, eBook-Readern und Smartphones geeignet. *Essentials* sind Wissensbausteine aus den Wirtschafts-, Sozial- und Geisteswissenschaften, aus Technik und Naturwissenschaften sowie aus Medizin, Psychologie und Gesundheitsberufen. Von renommierten Autor*innen aller Springer-Verlagsmarken.

Friedrich W. Stallberg

Die soziale Dimension von Angst

Friedrich W. Stallberg
TU Dortmund
Waltrop, Nordrhein-Westfalen,
Deutschland

ISSN 2197-6708 ISSN 2197-6716 (electronic)
essentials
ISBN 978-3-658-48576-4 ISBN 978-3-658-48577-1 (eBook)
https://doi.org/10.1007/978-3-658-48577-1

Die Deutsche Nationalbibliothek verzeichnet diese Publikation in der Deutschen Nationalbibliografie; detaillierte bibliografische Daten sind im Internet über https://portal.dnb.de abrufbar.

© Der/die Herausgeber bzw. der/die Autor(en), exklusiv lizenziert an Springer Fachmedien Wiesbaden GmbH, ein Teil von Springer Nature 2025

Das Werk einschließlich aller seiner Teile ist urheberrechtlich geschützt. Jede Verwertung, die nicht ausdrücklich vom Urheberrechtsgesetz zugelassen ist, bedarf der vorherigen Zustimmung des Verlags. Das gilt insbesondere für Vervielfältigungen, Bearbeitungen, Übersetzungen, Mikroverfilmungen und die Einspeicherung und Verarbeitung in elektronischen Systemen.
Die Wiedergabe von allgemein beschreibenden Bezeichnungen, Marken, Unternehmensnamen etc. in diesem Werk bedeutet nicht, dass diese frei durch jede Person benutzt werden dürfen. Die Berechtigung zur Benutzung unterliegt, auch ohne gesonderten Hinweis hierzu, den Regeln des Markenrechts. Die Rechte des/der jeweiligen Zeicheninhaber*in sind zu beachten.
Der Verlag, die Autor*innen und die Herausgeber*innen gehen davon aus, dass die Angaben und Informationen in diesem Werk zum Zeitpunkt der Veröffentlichung vollständig und korrekt sind. Weder der Verlag noch die Autor*innen oder die Herausgeber*innen übernehmen, ausdrücklich oder implizit, Gewähr für den Inhalt des Werkes, etwaige Fehler oder Äußerungen. Der Verlag bleibt im Hinblick auf geografische Zuordnungen und Gebietsbezeichnungen in veröffentlichten Karten und Institutionsadressen neutral.

Springer VS ist ein Imprint der eingetragenen Gesellschaft Springer Fachmedien Wiesbaden GmbH und ist ein Teil von Springer Nature.
Die Anschrift der Gesellschaft ist: Abraham-Lincoln-Str. 46, 65189 Wiesbaden, Germany

Wenn Sie dieses Produkt entsorgen, geben Sie das Papier bitte zum Recycling.

Was Sie in diesem *essential* finden Können

- Eine Beschreibung der Angst als durch und durch soziales Phänomen
- Eine Darstellung sozialwissenschaftlicher Angstanalysen
- Eine Erläuterung verschiedener Erscheinungsformen der Angst
- Einen Überblick über Ausmaß, Verbreitung und Wandel der Angst
- Eine kritische Bestandsaufnahme der staatlichen Angstpolitik

Inhaltsverzeichnis

1 **Einführung: Das Angstproblem in der deutschen Soziologie**	1
2 **Bestimmungen der Angst als soziales Gefühl**	11
2.1 Angst als verkörperte Enge	11
2.2 Angst und Furcht	12
2.3 Die Vielfalt der Angst	13
2.4 Die soziale Natur der Angst	14
3 **Verbreitung und Verteilung der Angst**	17
4 **Theorien der sozialen Angst**	25
4.1 Angst als Grundlage sozialer Konflikte – John Lofland	25
4.2 Angstentstehung durch soziale Verstärkungsprozesse – Cass Sunstein	26
4.3 Funktionsorientierte Theorie der Angst – Andreas Schmitz	27
5 **Angst und Politik**	29
5.1 Politik der Angst – Frank Furedi	30
5.2 Angsterzeugung als Machttechnik in der kapitalistischen Demokratie – Rainer Mausfeld	31
5.3 Furcht als Hausgespenst der liberalen Demokratie – Eva Illouz	32
Was Sie aus diesem *essential* mitnehmen können	35
Literatur	37

Einführung: Das Angstproblem in der deutschen Soziologie

Die sozialwissenschaftliche Thematisierung der Angst ist im deutschen Sprachraum erst seit einem knappen Jahrzehnt richtig in Gang gekommen und zu so etwas wie einem legitimen Unternehmen geworden. Erst jetzt will man genauer wissen, wie es um die diversen Ängste in der hiesigen Gesellschaft des demokratischen Kapitalismus bestellt ist, wen sie mit welcher Intensität betreffen, ob sie zu- oder abnehmen, wie mit ihnen umgegangen wird und auch, ob sie zu Recht empfunden werden.

Dies muss schon überraschen. Handelt es sich bei Angst doch offenkundig um etwas, was fortwährend und allerorten in zwischenmenschlichen Beziehungen erzeugt und gespürt wird, ungleich verbreitet und verteilt ist, kulturellen Prägungen unterliegt und vielfach erhebliche Schädigungen auf individueller wie sozialer Ebene hervorruft. Und um ein Phänomen, für dessen Bearbeitung schon lange genügend Theorieansätze und gut entwickelte Forschungsmethoden verfügbar wären. Ich selbst vermute, dass die langjährige Abstinenz vor allem in einer falschen Bescheidenheit und der Anerkennung traditioneller Hoheitsansprüche von Psychiatrie und Psychologie begründet sind. Es mag auch sein, dass die weit verbreitete Wahrnehmung der Angst als ein zutiefst unbewusstes und irrationales Gefühl von ihrer soziologischen Analyse abgeschreckt hat, obgleich ja auch das dem Subjekt wie den Beobachtenden Verborgene stets eine soziale Dimension aufweist.

Auch vor der inzwischen vollzogenen Etablierung einer speziellen deutschen Soziologie der Angst lassen sich aber schon vereinzelte Problemzugänge entdecken, von denen einige die gegenwärtige Diskussion erheblich beeinflussen. Den ersten Beitrag zur Angstanalyse hat, soweit ich sehe, vor fast sechs Jahrzehnten Dieter Claessens vorgelegt (Claessens 1966). Claessens unterscheidet in seinem Aufsatz im Anschluss an das psychologische Verständnis konsequent zwischen Angst und Furcht. Bei der ersten handelt es sich um unbestimmte, bei der zweiten hingegen um objektbezogene Bedrohtheit (88). Beide sind die von ihnen Betroffenen in ihrem Alltagsleben störende Gefühle. Deswegen wird ihnen auch eine prinzipiell negative Bewertung zuteil. Was macht Angst und Furcht – auch Claessens formuliert stets in dieser Reihenfolge – nun zu einem soziologisch bedeutsamen Phänomen? Sie sind ihm zufolge „durch die Gesellschaft, gesellschaftliche Gruppen, Institutionen, Konstellationen hervorgerufen" (88). Genauer besehen gründen sie sich vor allem in der Existenz sozialer Normen und Sanktionen. Menschen weichen immer wieder von verbindlichen Verhaltenserwartungen ab – sei es mit Absicht, um ihre Bedürfnisse und Interessen zu realisieren, sei es, weil sich diese ihrer Allgegenwart, Anspruchshöhe, Unübersichtlichkeit und Widersprüchlichkeit wegen einfach nicht befolgen lassen – und müssen damit rechnen, auffällig und dann bestraft zu werden (96 f.). Angst und Furcht sind nun aber nicht nur sozial bedingt, sondern sie determinieren ihrerseits mancherlei Handeln in Klein- und Großgruppen und Institutionen. Des Weiteren besitzen sie auch eine politische Funktion. Zum einen insofern, als die gesellschaftlichen Institutionen sie durch diverse Kontrollaktivitäten, Claessens spricht von sozialem Druck (89), unnötig machen wollen. Zum anderen, von unten besehen, indem sie durch den Umschlag in Empörung und Protest Menschen mobilisieren und dadurch strukturelle und normative Veränderungen bewirken können. Weit bedeutsamer als das sozial Nützliche an individuellen Bedrohtheitsgefühlen ist für Claessens aber ihre problematische Dimension. Sie stellen sich in demokratischen Gesellschaften, so hält er kritisch fest, vor allem als Entfremdungsangst dar, nämlich als Angst vor Orientierungsverlust, vor kognitiver Überforderung angesichts der Wissensexplosion und schließlich vor der für gewöhnlich drohenden Trennung von den Resultaten der eigenen Arbeit (89 ff.).

Nur wenig später ist es dann Franz-Xaver Kaufmann, ein höchst einflussreicher Bielefelder Soziologe, der in seiner umfassenden Darstellung von Sicherheit als zentraler Idee der Gegenwartsgesellschaft, Angst und Furcht, noch erheblich kürzer als Claessens, in den Blick nimmt (Kaufmann 1970). Sie werden der Sicherheit als durch negative Erwartungen bestimmte Gefühlslagen gegenübergestellt (151, 288). Kaufmann entwickelt nun ein analytisches Modell des durch sie erzeugten sozialen Handelns. Furcht vermag entweder zu aktivieren und dann verschiedenste Leistungen hervorzubringen oder aber, gegenteilig dazu, körperliche Übererregung auszulösen und dementsprechend Verhalten zu blockieren. Für Angst ist zunächst ein unspezifischer Handlungsdruck das Typische. Lässt dieser nicht nach, entsteht eine individuelle Desorientierung im Sinne des Zerfalls

1 Einführung: Das Angstproblem in der deutschen Soziologie 3

der Grenzen zwischen Subjekt und Objekt. Diese kann sich im Fall der negativen Bewertung der eigenen Handlungsfähigkeit um eine Angst vor der Angst vermehren.

Alles andere als unerwartet ist sicherlich, dass die soziologische Systemtheorie Niklas Luhmanns neben so zahlreichen anderen Phänomenen auch der menschlichen Angst ein Mindestmaß an Beachtung schenkt. Dies geschieht vorwiegend in einem Kapitel seines Buchs über ökologische Kommunikation (Luhmann 1986). Luhmann konzentriert sich in seiner Analyse auf kognitiv erfasste und kommunikativ mitgeteilte Angst, also auf individuelle Besorgnis. Angst gilt ihm als neue Form von Moral der funktional ausdifferenzierten Gesellschaft. Sie tritt als nicht weniger als zentrale Sinngebung an die Stelle von sozialen Normen und ihrer Befolgung (237 ff.). Das, was sie indes zum Problem macht, besteht für Luhmann nicht mehr in ihrer inneren Realität, sondern in ihrer moralischen Existenz. Daneben aber auch in ihrer kommunikativen Wirksamkeit (245). Angst markiert in der Gegenwartsgesellschaft einen schon beliebten und noch stetig an Bedeutung gewinnenden Gegenstand. Die Kommunikation über sie zeichnet sich durch mehrere Besonderheiten aus: Sie kann 1) etwa durch Recht und Wissenschaft nicht mehr reguliert werden (238); sie darf 2) als „das moderne Apriori" (240) jederzeit behauptet werden und Authentizität in Anspruch nehmen; Angst zu haben und zu zeigen kann, 3) so nimmt Luhmann an, sofern sie als rational, nicht pathologisch gilt, nicht gegen uns verwendet werden. Für die Rhetorik der Angst ist bezeichnend, dass sie kontrovers angelegt ist, sich für gewöhnlich Dramatisierung und Bagatellisierung von auftretenden Gefahren gegenüberstehen (243). Sie ist notgedrungen höchst selektiv, vereinfachend und stark handlungsorientiert (248). Der Druck zur Angstverminderung lässt freilich die Komplexität der sozialen Realität unberücksichtigt und produziert folglich untaugliche Resultate.

Ulrich Beck thematisiert Angst ausdrücklich nur an wenigen Stellen seiner klassisch gewordenen Werke zur kosmopolitischen Soziologie der zweiten Moderne (Beck 1986, 2007). Seine Aussagen sind aber programmatischer Art und werden in der neueren Forschung stets angeführt, mal zustimmend, mal eher kritisch.

Beck entdeckt Zivilisationsrisiken als neue Basis der Angstentstehung in der individualisierten Gesellschaft. Angst ist die vorherrschende subjektive Reaktion auf die zunehmende Unsicherheit im Alltag der persönlichen Entscheidungen für andere Menschen, Orte, Tätigkeiten, Werte, Interessen und Zeitpunkte zum einen, übergreifende Risiken und, darüber hinaus, Katastrophen zum anderen (2007, 28). Das neu erlebte Gefährdungsschicksal lässt Angst zum zentralen Vergemeinschaftungsmodus werden (1986, 65 f.). Die kollektive Gemeinsamkeit der Angst integriert jedoch keineswegs hinreichend. Sie produziert vielmehr mit

Zustimmung der Betroffenen ein System der totalen sozialen Kontrolle (1986, 28). (Welt)Risikogesellschaftliche Angst ist, Beck zufolge, losgelöst von Schicht und Klasse. Zwei Jahrzehnte später erkennt er jedoch die bleibende Bedeutung von Armutsangst an, die, so seine vielfach geteilte Auffassung, von den gesellschaftlichen Rändern zur Mitte der Gesellschaft gewandert sei (2007a).

Becks Einsichten münden nun in Grundfragen für eine soziologische Angstforschung ein: Wie groß ist das je vorhandene Bindungspotenzial subjektiver Bedrohtheitsgefühle, welche Handlungsmotive und -praktiken sind mit ihnen verbunden, und wie ist deren Rationalitätsgrad, und unter welchen Bedingungen und in welcher Weise tragen sie zur Entstehung sozialer Bewegungen bei (1986, 66).

Hans Günther Vester wirft im Rahmen seiner Soziologie der Emotionen einen kurzen Blick auf die Angst (Vester 1991, 149 ff.). Auch er sieht diese als durchweg noch unthematisiert an und definiert es als Zukunftsaufgabe, „zu untersuchen, wie Gesellschaften bzw. ihre Mitglieder mit Ängsten…umgehen; mithilfe welcher Schemata sie angstauslösende Objekte und Situationen mit Sinn auszustatten versuchen und welche Rituale oder gar Institutionen sie für die Bewältigung von Angst entwickeln" (157). Vester unterscheidet Angst im Anschluss an die Entwicklungspsychologie zwischen solche vor dem Fremden, vor Trennung und vor Prüfungen sowie Leistungserbringung (155). Um ihren Status als potenzielle Schlüsselemotion genauer zu bestimmen, greift er, sicherlich des seinerzeitigen Mangels an empirischen Daten über „normale" Angst wegen, vorwiegend auf sozialepidemiologische Untersuchungen zu anerkannten Angststörungen zurück. Er stößt nun auf Prävalenzraten zwischen 4 und 8 % und hält es schon von daher für berechtigt, von Angst als signifikantem sozialen Problem zu sprechen.

Hans-Peter Dreitzel, ein vor allem durch seine kritische Analyse des Wandels sozialer Rollen bekannt gewordener deutscher Soziologe, stellt zuvor schon in der gestalttherapeutischen Fachgemeinschaft veröffentlichte Überlegungen zur Angst kurz nach der Jahrtausendwende in den gesellschaftlichen Zusammenhang (Dreitzel 2001, 2003). Angst fasst er, wie zuvor schon Claessens und Kaufmann, als unbestimmte, mit Desorientierung verbundene, handlungslähmende Bedrohtheit (2003, 18 f.). Soziologisch gesehen, entspringt sie der fortwährenden Diskrepanz zwischen subjektiver Bedürfnislage und den je bedeutsamen gesellschaftlichen Normen.

Die traditionelle Funktion des Angstgefühls sieht Dreitzel, hier Norbert Elias´ Zivilisationstheorie folgend, in ihrem Wirken als Beweggrund für die Verinnerlichung äußerer Zwänge (2003, 24 ff.). In der heutigen Postmoderne jedoch entstehe sie, ganz konträr dazu, als Produkt der kulturell bearbeiteten langfristigen Zivilisationszerstörung (2003, 27 f.). Sie verbinde sich mit der „schuldhaften

Gewissheit, dass die Katastrophen von Menschen gemacht sind, oder doch, obwohl erkannt, nicht verhindert werden konnten" (2003, 29). Besonders interessant ist nun für Dreitzel die mikrosoziologische Frage, wie Menschen mit unterdrückender oder, darüber hinaus, unerträglicher Angst umgehen; er selbst benutzt den psychotherapeutischen Begriff der Angstabwehr (31 ff.). Als solche Mechanismen der individuellen Angstabwehr, die sozial akzeptiert oder sogar gefördert werden und deshalb besonders weit verbreitet sind, nennt er den Rückzug in die Welt des Privaten, selbstschädigendes Verhalten, die Projektion unterdrückter Aggression auf eine geeignete Feindgruppe, heute etwa die Islamisten, zwanghafte Kontrolle der sozialen Umwelt und schließlich die Flucht in die Süchtigkeit (33; ganz ähnlich Cohen/Taylor 1990). Es fällt natürlich auf, dass keine konstruktiven Formen des Angstumgangs in den Blick kommen. Diese sind an das Empfinden von zielgerichteter, aktivierender Furcht gebunden.

Die gegenwärtig in Fahrt gekommene Thematisierung der Angst in der deutschen Soziologie ist offenkundig stark von Einsichten des 2017 verstorbenen polnischen Gesellschaftsforschers Zygmunt Baumann beeinflusst Darum sei seine eindrucksvolle Diagnose der Gegenwartsangst (Baumann 2021, zuerst 2006) hier in aller Kürze vorgestellt.

Für Baumann ist Angst eine dominante Befindlichkeitslage in der „flüssigen Moderne" (16). Obwohl das Leben in dieser ein Sicherheitsniveau aufweist wie noch nie zuvor, fühlen sich doch die Menschen bedrohter als früher und scheuen sie sich auch nicht, ihre Angst, wenn sie denn aus dem Untergrund hervorkommt, gebührend auszudrücken. Darüber hinaus werden auch Forderungen nach Entschädigung und nach Bestrafung der zu ermittelnden Schuldigen erhoben (189). Für die Angst der Wohlfahrtsgesellschaft ist es, so zeigt Baumann auf, das Besondere, dass sie freischwebend, fließend und von existentiellen Bedrohungen auf kontrollierbare verschoben sei (193 ff.). Ihr Auftreten vollzieht sich auf ganz unterschiedliche Weise. Sie kann sich 1) auf Körper und Besitz von Menschen richten, 2) auf die gesamte soziale Ordnung, sich 3) schließlich auf die Bedrohtheit von Status und Identität gründen. Differenzieren lässt sie sich ferner danach, ob die Katastrophen, die ihr Gegenstand sind, nur persönlicher Art sind oder aber die gesamte Gesellschaft betreffen. Die Erscheinungsformen, denen Baumann im einzelnen nachgeht, sind die Angst vor dem Tod (37 ff.), vor dem Bösen (82 ff.), vor dem Unbeherrschbaren (107 ff.), und noch Globalisierungsangst, speziell jene vor Terrorismus (140 ff.). An anderer Stelle richtet sich sein Interesse auf die gegenwärtige Migrationspanik (Baumann 2016).

Heinz Bude teilt mit Baumann die Auffassung, dass wir derzeit in einer Angstgesellschaft leben. Er konstatiert: Wer etwas über die moderne Gesellschaft herausfinden will, muss sich mit der Erfahrung von Unsicherheit und

Verwundbarkeit beschäftigen (2016, 10 ff.). Mit seiner 2016 erschienenen Studie findet die These von der Bedingung der Angst als vorrangigem Bestandteil des zeitgenössischen Bewusstseins endlich ihre Aufnahme in die deutschsprachige Sozialwissenschaft (Bude 2016).

Angst wird von Bude nicht weiter definiert. Sie ist einfach das, „was die Leute empfinden, was ihnen wichtig ist, worauf sie hoffen und woran sie verzweifeln" (10). Ihre soziale Dimension besteht für ihn darin, dass sie sich einmal darauf bezieht, wie sich Menschen gegenseitig wahrnehmen (26). Zum zweiten ist sie, makrostrukturell, durch soziale Lagen mit etablierten Ansprüchen auf komplette Versorgung und hohe Sicherheit bedingt (83). Angst ist des Weiteren zukunfts- wie gegenwartsorientiert. Sie übersteigt, da ist Bude sich sicher, inzwischen die traditionellen Grenzen von Schicht, Geschlecht und Alter. Sie ist deswegen unaufhebbar, weil sie ihren tiefsten Grund im bleibenden Sinnstress besitzt (20). Und weil alles und jedes bedrohlich sein kann. Die Gefahr der Angst übt ferner große soziale Macht aus, da ihr nur schwerlich widersprochen werden kann – da ist sich Bude mit Luhmann einig. Schließlich markiert die Bekämpfung der Angst vor Armut, Entrechtung und Diskriminierung heute eine wohlfahrtsstaatliche Aufgabe. Es geht, so Bude, darüber hinaus um die Bannung der Angst vor der Angst (16).

Auf der Grundlage dieser Einsichten wendet sich Bude nun der Analyse der gegenwärtig vorherrschenden Angstformen zu. Seine Themen sind Angst vor dem Alleinsein, Bindungs- und Trennungsangst (28 ff.), Status- und Abstiegsangst (60 ff.), Angst vor dem Kollaps des ganzen Sozialsystems (101 ff.), Angst vor dem Fremden (134 ff.) und generationsspezifische Angst (144 ff.), nicht hingegen etwa Erkrankungs-, Gewalt- und Umweltangst. Besonders bedeutsam ist ihm dabei der männliche soziale Aufsteiger, der zwischen den Gruppen steht, sich vor unaufhörlicher Konkurrenz, dem Scheitern an der Realisierung unklarer oder gar konfligierender Leistungserwartungen und der zukünftigen Nichtberücksichtigung fürchten muss (40 ff.).

Mit Budes Essay beginnt, wie schon gesagt, eine zweite Welle der Thematisierung von Angst in der hiesigen Soziologie, die ihren Gegenstand nun kontinuierlich, aus unterschiedlichen Blickwinkeln und mit verschiedenen Interessen beobachtet. Innerhalb nur weniger Jahre sind ein gutes Dutzend zumeist empirisch orientierter Texte vorgelegt worden. Von den meines Erachtens wichtigsten soll im Folgenden kurz die Rede sein.

Während es für Heinz Bude ja nur eine Selbstverständlichkeit darstellt, sich mit sozial bedingter Angst zu beschäftigen, arbeitet Max Dehne in seiner umfassenden Qualifikationsschrift (Dehne 2017, als Diss. 2015) mit großer

Anstrengung an dem Nachweis, dass dies legitim sei, und die Soziologie wichtige Erkenntnisse zum Verständnis von Angst anzubieten habe. Zur Realisierung seiner Grundlegungsabsicht greift er auf drei Problemzugänge zurück – auf die gerade beschriebenen Deutungen zur Gesellschaft der Angst, auf die Anomietheorie in klassischer (Durkheim, Merton) und modernisierter Form (Heitmeyer), von der er annimmt, sie sei für die Analyse der sozialen Entstehungsbedingungen von Angst besonders gut geeignet, und schließlich für die subjektive Angstverarbeitung auf emotionssoziologische Einsichten, speziell das Konzept des Gefühlsmanagements (41 ff.). Das aus dem Zusammenschluss gewonnene hochformalisierte Modell soll es ermöglichen „Angst als Konsequenz von kognitiven Strukturen und Prozessen aufzufassen und die Komplexität und prozedurale Verflochtenheit von Angstentstehung, -effekt und -bewältigung zu berücksichtigen" (352).

Dehne wendet nun sein Schema auf die Analyse des Phänomens der sog. Helikopter-Eltern an (375 ff.) – ich denke, zumindest insofern erfolgreich, als dessen Angstaspekte in den Blick kommen. Mit seiner integrativen Angsttheorie im Rücken bemüht er sich abschließend um die Sekundäranalyse diverser Angstumfragen (399 ff.). Anders als die früheren Angstsoziologen angenommen haben, ist sein Ergebnis, Ängste seien gegenwärtig weder besonders weit verbreitet noch im Anstieg begriffen. Darüber hinaus scheint ihm der sozioökonomische Status von Menschen nur in geringem Maße mit Angstentwicklung zu tun zu haben, wohingegen sich kulturelle Faktoren als bedeutsam erweisen (432 ff.).

In der Frage des aktuellen Stellenwerts der Angst offener als die älteren Problemanalysen sehen Sigrid Betzelt und Ingo Bode (2017, 2018) diese doch als bedeutsamen Indikator der gesellschaftlichen Befindlichkeit. Ihr Interesse gilt der Mobilisierung von Ängsten im „liberalisierten Wohlfahrtskapitalismus" (2017, 192). Diese umfasst die Verunsicherung durch sozialen und institutionellen Wandel zum einen, durch Bedrohlichkeitsdiskurse, welche sie begleiten, zum zweiten. Sie ist so etwas wie ein Katalysator für entsichernde Reformpolitiken (2017, 193). Als solche bewerten Betzelt und Bode den Umbau des deutschen Sozialstaates seit 2010 durch die Reformen von Arbeitsmarkt und Alterssicherung, der sich dadurch vom Angsthemmer zum Angsttreiber verwandelt (2018, 2). Die sozialpolitische Erzeugung von individuellen Existenzängsten fördert Konformitätsbereitschaft bei den Betroffenen. Was einerseits die Durchsetzung entsichernder Maßnahmen erleichtert, schwächt aber andererseits die soziale Integration (2018, 1). Es bildet sich eine Spirale der Angst. Als Belege dafür gelten den Autorinnen die Etablierung der AfD im deutschen Parteiensystem und die wachsende Minderheitenfeindlichkeit. Helfen könne da nur eine „Abkehr vom

Prinzip des individuellen Risikomanagements mit all seinen verängstigenden Folgen" (2018, 3).

Seit einem halben Jahrzehnt nun findet sich in der deutschen Soziologie eine neue Form der Thematisierung von Angst. Gemeinsam ist denen, die sie vertreten, das Interesse an der Erarbeitung einer theoretisch fundierten empirischen Angstforschung (vor allem Eckert 2019; Lübke/Delhey 2019; Martin 2020; Martin/Eckert 2020). Sie unterscheiden sich aber in ihrem Verhältnis zur zeitdiagnostischen Angstanalyse.

Eine äußerst kritische Position nehmen Christiane Lübke und Jan Delhey ein. Für sie handelt es sich bei den öffentlich ja hochgeschätzten Studien von Baumann, Bude und anderen nur um im Ton alarmistische und in der Sache unabgesicherte Texte. Gegen deren Erkenntniswert spricht ihres Erachtens Folgendes: Es lässt sich 1) kein historisch hohes Angstniveau feststellen, es ergibt sich 2) im Vergleich auch kein Wachstum der einzelnen Sorgen und Ängste, 3) sind auch die derzeit besonders beunruhigenden Ängste vor Zuwanderung und Terrorismus (noch nicht berücksichtigt sind jene vor Epidemien und Krieg) stark ereignisbezogen, nicht wirklich dauerhaft, 4) sind Ängste weiterhin nicht grenzenlos, sondern schichtspezifisch ungleich verteilt und 5) ist zumindest ungeklärt, ob Ängste heute folgenreicher als früher sind; allerdings lässt sich ein gewisses Maß ihrer Politisierung nicht von der Hand weisen (Delhey/Lübke 2019, 9 ff.).

Susanne Martin und Judith Eckert hingegen wollen die populären Beiträge zur Gesellschaft der Angst keineswegs übergehen, sondern sie nur ergänzen und weiterentwickeln. Sie plädieren dafür, „die Kritik als Ausgangspunkt einer systematischen soziologischen bzw. gesellschaftswissenschaftlichen Auseinandersetzung mit Angst zu nehmen und die konkreten Kritikpunkte als Forschungsbedarf zu formulieren" (2020, 6). Die wichtigsten Themen wären dabei die begriffliche Bestimmung der Angst, ihre gesellschaftliche Verbreitung und Verteilung, die Verknüpfung mit soziokulturellen Entwicklungen und ihre verschiedenen sozialen Konsequenzen. Um sie zu bearbeiten, bedürfe es der Integration von Erkenntnissen aus allen Forschungsfeldern, die sich mit Angst, aber auch mit Risiko und Sicherheit, Emotionen, Lebenslauf, Ungleichheit, Macht und Konflikt beschäftigen (Eckert 2019, 378). Wie dies aussehen könnte, zeigt eine qualitative Untersuchung von Judith Eckert der Lebenswelt kleiner, situationsbedingter Angstgefühle und großer, welche das gewohnte Leben infrage stellen. Die Autorin tritt dabei im Anschluss an die hierzulande noch wenig beachtete Problemperspektive von Ian Wilkinson (2001) für eine reflexive wie auch kritische Soziologie der Angst ein (372 f.).

Dies ist ein Ansatz, an den ich mich auch für die folgende Angstdarstellung anlehne. Wie die dargestellten Autoren gehe ich davon aus, dass es sich bei

Angst um eine zutiefst soziale Emotion handelt. Eine Soziologie der Angst hat folglich zu untersuchen, wie Menschen diese in einer sozial vermittelten Weise empfinden, hervorrufen und verarbeiten. Sie sollte, so denke ich, des Weiteren aber auch eine sozialkritische Orientierung verfolgen. Das heißt, aufzudecken und zu problematisieren, warum und wie soziale Verhältnisse unnötige und leidvolle Angst erzeugen und fördern und auch, warum und wie ein produktiver Umgang mit Angst verhindert wird.

Bestimmungen der Angst als soziales Gefühl

Was sind nun die sozialwissenschaftlich bedeutsamen Kennzeichen der Angst? Einige wurden in der Einführung schon genannt: Angst zu haben, heißt demnach, negative Erwartungen zu hegen, sich innerhalb sozialer Beziehungen und Institutionen bedroht, abhängig, in Sachen Status, Besitz, Einfluss, Kontrolle unterlegen zu fühlen. Ich will diesen Begriffsansatz im Folgenden mit anderen aus Psychologie und Kulturwissenschaft stammenden verbinden.

2.1 Angst als verkörperte Enge

Schon sprachgeschichtlich ist mit dem Wort Angst (angor, angustus) ein subjektiver Zustand der Enge bezeichnet. Er ist Teil einer Reihe von Begriffen mit ng-Laut – Zwang, Drang, Bedrängnis, Beklemmung -, die sich sämtlich auf Verhältnisse des menschlichen Eingeschränktseins beziehen. Auf diesem Hintergrund lässt sich Angst am einfachsten als Verbindung von innerer und äußerer Enge definieren; H. P. Dreitzel spricht von der „Gesellschaft im eigenen Leib" (1992, 157). Ängste gründen sich auf die Bewertung einer Situation als bedrängend und überfordernd, auf dem Empfinden von Sorge, Hilflosigkeit und Ohnmacht. Vielfach werden sie auf dieser kognitiven Ebene verbleiben. Das gilt gerade für die öffentlich Ausgedrückten und Diskutierten. Zum vollen Erleben der Angst gehört aber neben der Zentrierung des Denkens auf Bedrohliches auch ihre körperliche Gegenwart. Mitunter kann diese auch im Vordergrund stehen oder sogar, weil noch unverstanden, das jeweilige Fühlen allein ausmachen. Deren „leibliche Codierung" (Böhme 2000) lässt sich als Zustand von Erregung und Anspannung, Unlust, Lähmung durch den Konflikt zwischen Flucht-

und Angriffsimpulsen beschreiben. Als sein besonderer Ort gelten unser Brust- und Halsbereich, der Atemfluss und unsere Körperöffnungen (Hicklin 1990). Erlebt werden verschiedenste unangenehme Körperempfindungen wie Atemnot, Schwitzen oder Frösteln, Zittern, Harndrang, Rückenschmerz, Schwindel, Steifheit, Herzrasen, die in unterschiedlichen, immer wieder anderen Konstellationen auftreten. Sie sind es, welche in besonderem Maße das subjektive Leiden an der Angst ausmachen und in bildender Kunst und Belletristik, aber auch in der therapeutischen Literatur bevorzugt thematisiert werden.

2.2 Angst und Furcht

In der einschlägigen Literatur ist es, wie schon beschrieben, weithin üblich, zwischen Angst und Furcht zu unterscheiden. Furcht wird durch ihren Bezug auf gesellschaftlich anerkannte Gefahrenquellen, als nützliches Signal, das uns fallweise vor Bedrohlichem warnt und die Kräfte für produktives Handeln mobilisiert, bestimmt. Angst hingegen als diffuses lebenshemmendes Gefühl, das sich auf der Basis zeitlich zurückliegender Erfahrungen auf Bedrohungen richtet, die wir nicht kennen.

Ich selbst halte es für nicht sinnvoll, Angst und Furcht wissenschaftssprachlich auseinander zu halten, sondern ziehe es vor, trotz der natürlich großen Unterschiede zwischen subjektiv erwünschten und ungewollten, bewussten und unbewussten, ausgedrückten und unausgedrückten, produktiv und destruktiv verarbeiteten Bedrohtheitsgefühlen nur von Angst zu sprechen, soweit nicht die Betroffenen selbst eine andere Entscheidung treffen. Meine Gründe sind folgende: Es ist 1) vielfach strittig, wie objektiv berechtigt nun eine erlebte Gefährdung und wie vernünftig ihre Bewältigung ist; es können 2) Furcht und Angst Genanntes ineinander übergehen und sich von dem Einen in das Andere verwandeln; es wird 3) alltagssprachlich offenkundig keine Rücksicht auf die analytisch plausible Differenz genommen und 4) haben sich auch in der empirischen Forschung Traditionen entwickelt, die quer zu der Angst-Furcht-Differenzierung liegen. So wird stets nur von Leistungs- und Prüfungsangst gesprochen, obschon diese sehr gerichtet, nützlich und aktivierend sein kann, und von Kriminalitäts- und Fremdenfurcht, wiewohl diese Gefühle häufig ganz unbegründet auftreten und sich selbst – und fremdschädigend auswirken können.

2.3 Die Vielfalt der Angst

Die gängige Unterscheidung zwischen Angst und Furcht folgt der Anerkennung der Heterogenität subjektiver Bedrohheitsgefühle von ihren Entstehungsgründen, ihrem Erleben und ihren Folgen her. Alles und jedes kann Angst erzeugen, jede Angst ist anders, und jeder Mensch verfügt über seine eigene Angstgeschichte. Wissenschaftlich verarbeitet wird diese Vielfalt seit langem schon in diversen Typologien. Im deutschen Sprachraum ist insbesondere der Unterscheidungsvorschlag von Ralf Schwarzer einschlägig geworden (Schwarzer 1981, 91 ff.). Schwarzer trennt zwischen Existenzangst als Bedrohung der körperlichen Integrität, sozialer Angst, die angesichts bedrohlicher Umwelterwartungen auftritt und der Leistungsangst, bei der es um die Gefährdung des Selbstwertes durch Scheitern und Versagen geht. Die soziale Angst, die hier natürlich besonders interessiert, versteht Schwarzer als Öffentlichkeitsangst. Etwas, was unbedingt verborgen bleiben soll, droht sichtbar zu werden. Je größer die Öffentlichkeit, desto größer ist auch die Angst des sich bedroht wähnenden Subjekts. Von den Auslösern und der Stärke des Gefühls her kann, Schwarzer zufolge, zwischen Verlegenheit, Scham, Publikumsangst und Schüchternheit unterschieden werden. Anders als in der Betrachtung sozialer Auffälligkeit üblich wird hingegen Peinlichkeit nicht als eigenständige Variante möglicher Bloßstellung eingestuft.

Ich will hier den Ansatz Schwarzers um einen eigenen Vorschlag ergänzen, welcher von der berühmten Typologie des sozialen Handelns von Max Weber (1972, 12 f., zuerst 1921) angeregt ist. Zweckrational bestimmt ist Angst dann, wenn sie sich auf eine Bedrohung der Realisierung individueller Bedürfnisse und Interessen bezieht. Eine Person definiert in diesem Fall ein schon eingetretenes Ereignis oder eine künftige Entwicklung als Gefährdung ihrer sozialen Lage. Wertrational orientiert ist eine Angst, wenn zu befürchten steht, dass individuelle Werte, etwa von Authentizität, Mobilität oder Teilhabe, nicht in der gewünschten Weise verfolgt werden können. Aber auch, wenn der soziokulturelle Wandel Werte wichtig werden lässt, welche im Widerspruch zu eigenen Vorstellungen stehen oder als nicht umsetzbar erscheinen. Für affektive Angst gilt: sie entspringt nicht oder nur eingeschränkt einer Einschätzung von Situation und Handlungschancen, ist stattdessen auf die Empfindung selbst und ihren Ausdruck in Mimik, Gestik und Sprache konzentriert. In diesem Angsttypus haben auch Schrecken, Panik und Phobien aller Art ihren Platz. Bei der traditionalen Angst schließlich steht die Bedrohung von Gewohnheiten, Routinen und Ritualen, ob nur subjektiv bedeutsam oder allgemein geteilt, im Zentrum. Es besteht die Gefahr, dass etwas nicht mehr, wie immer geschehen, getan werden kann, sei es durch eigene Veränderungen oder durch das behindernde Handeln anderer.

2.4 Die soziale Natur der Angst

Soziale Angst wird in der Psychologie ganz eng als eine Form der anerkannten Angststörungen verstanden. Sie zeichnet sich durch das Empfinden einer so großen und anhaltenden Furcht in öffentlichen Situationen aus, dass diese starke körperliche Symptome und vermeidendes Verhalten hervorruft, was die Betroffenen wiederum emotional belastet und ihre Lebensführung beeinträchtigt (Ambühl 2001, 30 ff.). Schon weiter angelegt ist da die gerade beschriebene Perspektive Ralf Schwarzers. Soziologisch betrachtet besitzt aber Angst durchweg etwas Soziales. Sie vollzieht sich häufig als Interaktionsangst in realen oder nur vorgestellten sozialen Beziehungen. Hier ist sie etwas zutiefst Zwischenmenschliches: Personen treten in potenziell wechselnden Beteiligungsrollen auf, sind Angstproduzenten-, -opfer-, -beobachter. Einmal erlebte Beziehungsangst wird auch künftige soziale Begegnungen beeinflussen, sowohl diejenigen, die dem als bedrohlich Erfahrenen entsprechen oder ähneln als auch ganz andere aufgrund der Generalisierung der empfundenen Furcht.

Soziale Angst kann sich aber auch kontaktlos, das heißt, nur als indirekte Beziehung zwischen sich bedroht Fühlenden und gesellschaftlichen Akteuren und Institutionen, welche durch ihr Tun oder Unterlassen Angst hervorrufen, vollziehen. Darüber hinaus kann sie sich sogar auf nicht menschliche Objekte und Entwicklungen, etwa Naturkatastrophen, beziehen; denn auch hier beruht sie ja auf gesellschaftlich vermittelten Bedrohlichkeitsdefinitionen, wird sie intersubjektiv kommuniziert und erzeugt sie soziales Handeln. Und, wie wir inzwischen wissen, sind ihre tatsächlichen Urheber vielfach doch Menschen.

In einem weiteren Sinn sozial ist Angst auch dann, wenn sie sich auf nur individuell erlebte Veränderungen, für die andere Personen nicht verantwortlich gemacht werden können, etwa bedrohliche Erkrankungen, bezieht. Denn auch hier sind soziokulturelle Gefährdungsvorstellungen im Spiel, werden die Gefühle für gewöhnlich mit anderen geteilt und gemeinsam mit anderen bearbeitet. Selbst die von einzelnen Menschen empfundenen, häufig unbewusst bleibenden Ängste, die gesellschaftlich als Störungen definiert werden, verweisen stets auf die Beteiligung anderer Personen – Personen, die sich an vermeintlich gefährlichen Orten aufhalten (Agoraphobie, Klaustrophobie) oder, klarer noch, die folgenreiche physische und/oder psychische Gewalt ausgeübt haben (Posttraumatische Belastungsstörung). Und vielfach treten ja auch professionell Helfende in Erscheinung und heben die jeweilige Angst auf die interaktive Dimension.

Über ihre gesellschaftliche Bedingtheit und ihre Interaktivität hinaus liegt das Soziale der Angst auch in ihrer potenziell kollektiven Natur. Die subjektiv

2.4 Die soziale Natur der Angst

erlebten Ängste werden mit anderen Menschen bis hin zu großen Bevölkerungsgruppen gleichzeitig oder zu verschiedenen Zeitpunkten geteilt. Sie können darüber hinaus ausgetauscht werden, und unter bestimmten Bedingungen bringen sie gemeinschaftliches Handeln hervor. Schließlich wirken sie häufig auch auf die zunächst noch nicht Betroffenen ansteckend und können dann, von Person zu Person überspringend, eine „Angstmasse" (Böhme 2000, 221) entstehen lassen. Eine Menge von Menschen reagiert in diesem Fall in einer, soziale Unterschiede und Grenzen auflösenden, panikartigen Weise auf Situationen extremer Bedrängnis – Katastrophen, Kriege u. a.

Angst verdient natürlich auch deswegen die Kennzeichnung als soziales Phänomen, weil Wahrscheinlichkeit, Häufigkeit, Form und Auswirkungen ihres Auftretens von Status und Lebensbedingungen der sie empfindenden Menschen abhängen. Sie ist, nach allem was man weiß, vor allem das Problem der Bevölkerungsgruppen, die nur über eingeschränkte Handlungsmöglichkeiten verfügen (Wilkinson 2001, 10). Sie ist weiterhin etwas, was mit Machtverteilung und Machteinsatz zu tun hat. Wobei allerdings Machtbesitz nicht unbedingt vor Angst schützt, vielmehr immer mit der Befürchtung von Verfall und Verlust verbunden ist. Und andererseits der Ausschluss von politischer und ökonomischer Macht nicht auch bedeutet, nicht Menschen der Umgebung ängstigen zu können oder jemand zu sein, um dessen Heil man sich sorgt.

Die kollektive Natur der Angst zeigt sich besonders dort, wo sie von der Privatsache zum sozialen Problem aufsteigt. Soziale Bewegungen, politische Parteien und staatliche Institutionen nehmen sich in der kapitalistischen Demokratie den stark genug mitgeteilten Sorgen und Nöten an und beziehen aus ihrer Legitimation und Bearbeitung einen immer größer werdenden Teil ihrer Aufgaben. Populistische Akteure gewinnen sogar mit der Bedeutungszunahme von Ängsten an Stärke und stellen sie folglich ins Zentrum ihres Wirkens. Zumeist geht es freilich nicht um die Angst als eigenständiges Problem. Sie ist vielmehr eine emotionale Komponente der großen gesellschaftlichen Mangel- und Krisenzustände wie Armut, Gewalt, Umweltzerstörung, Migration, Kriminalität, Inflation, Pflegenotstand. Und wirkt hier mit anderen Begleit- und Folgegefühlen wie Wut, Trauer, Scham und Schuld, aber auch Hoffnung zusammen.

Verbreitung und Verteilung der Angst 3

Angst wird derzeit so häufig und intensiv thematisiert wie niemals zuvor. Ihr wird in vielen Texten und immer wieder neu eine immense Bedeutung zugeschrieben. Relativ unstrittig scheint folgendes zu sein:

A) Angst ist im gesellschaftlichen Leben allgegenwärtig. Sie tritt überall da auf, wo zwischen den Menschen Machtunterschiede und Abhängigkeitsverhältnisse bestehen und wo mit Mitteln von Druck und Drohung operiert wird. Des Weiteren da, wo konkurriert, gestritten, Leistung abverlangt, Bestehendes gegen Neues verteidigt wird, der Ausgang von Handlungen riskant ist, sich Dinge und Situationen rasch und gründlich verändern.

B) Angst ist ein Motiv für vielerlei Handeln und Unterlassen, schwingt fast überall zumindest mit. Sie lässt uns soziale Normen und Regeln beachten, Gefährlichem aus dem Weg gehen, Versicherungen abschließen, gewalttätig und süchtig werden, vor Kriegen oder anderen Katastrophen die Flucht ergreifen.

C) Angst ist von unschätzbarer Bedeutung für die gesellschaftliche Weiterentwicklung. Sie ist Antriebskraft für etwa Daseinsvorsorge, Verträge, Gewaltkontrolle, die öffentliche Formulierung von Kritik und Protest bis hin zur Bildung sozialer Bewegungen.

D) Angst durchzieht auch die Sphäre der Politik. Auf ihre Wirksamkeit wird häufig vertraut, wenn politisch prominent Tätige nicht nur in Wahlkampfzeiten vor der Unfähigkeit und den dubiosen Plänen der Parteikonkurrenz, vor extremen Gruppen oder zukünftigen Krisen warnen. In sehr viel dramatischerer Weise wird sie systematisch herbeigeführt, wenn Menschen im Terrorismus so sehr bedroht werden, dass sie den Glauben an den Schutz durch staatliche

Institutionen verlieren. In wichtigen angstwissenschaftlichen Studien wird sie sogar als durchgehender Orientierungspunkt staatlicher Politik eingeschätzt (Bude 2014, Mausfeld 2021).

Das sind die plausibel klingenden Annahmen. Wie sieht es aber mit ihrer empirischen Evidenz, also mit dem mehr oder weniger aktuellen Forschungsstand aus? Der entwickelt sich mehr und mehr, will doch die Gesellschaft des demokratischen Kapitalismus genau darüber informiert sein, welche Ängste mit welchem Ausmaß in ihr vorhanden sind und wen sie im einzelnen betreffen. Wohinter dann Absicht und Anspruch stehen, Gewichtiges in Sachen Prävention und Intervention unternehmen zu wollen und zu können.

Zur Verbreitung der den menschlichen Alltag treu begleitenden Ängste sind derzeit verschiedene empirische Befunde verfügbar. Am besten ist das Ausmaß der gesellschaftlich anerkannten Angststörungen erforscht. Dabei dürfte es sich auch um die härtesten Daten handeln, sind doch die als problematisch definierten Ängste wie Panik und Phobien am genausten bestimmt und folgt die Forschung diesem Verständnis. Die zum Störungsausmaß vorliegenden Befunde richten sich auf das Auftreten der Angst innerhalb eines Jahres oder der gesamten Lebenszeit. Sie geben ein relativ hohes Maß der Verbreitung zu erkennen und weisen eine starke Übereinstimmung aus.

Speziell für Deutschland wurde herausgefunden, dass ca. 15 % der erwachsenen Bevölkerung die für Angststörungen geltenden Kriterien einmal im Leben erfüllen. Eine relativ hohe Lebenszeitprävalenz – 27,2 % – wurde für die 18 bis 25 jährigen Frauen ermittelt, gleichfalls über dem Durchschnitt liegen die 12 bis 17 jährigen mit 18,6 % (Lieb u. a. 2003).

Die Befunde des Bundesgesundheitssurveys 98 ergeben, dass 14,2 % der Befragten von 18 bis 65 Jahren im Laufe eines Jahres von einer klinisch relevanten Angstproblematik betroffen sind. Dabei treten die spezifischen Phobien am häufigsten auf, ihnen folgen nicht näher bezeichnete Angststörungen, Panik und die soziale Phobie (Gesundheitsberichterstattung 2004).

Eine Auswertung von 41 weltweit durchgeführten Studien berichtet eine 1-Jahres-Prävalenz von 10,6 % mit einem doppelt so hohen Wert bei Frauen gegenüber dem der Männer. Dabei gibt es eine Schwankungsbreite zwischen 9,2 und 28,7 %.

Auf Ängste mit Beschwerden durch körperliche Symptome oder auf ständig belastende Sorgen bezieht sich eine recht aktuelle Untersuchung des Robert Koch Instituts (2023). In verschiedenen Studien telefonisch befragt wurden nach einer Zufallsstichprobe ausgewählte 1000 bis 3000 Erwachsene. Es wurde ermittelt, dass 2022 14 % der erwachsenen deutschen Bevölkerung von Angstbelastung betroffen waren, nachdem es 2021 erst 8 % waren (10). Der Anstieg vollzog sich in allen Geschlechts-, Alters- und Bildungsgruppen, wobei Frauen häufiger problematische Angstsymptome erleben als Männer und die 18 bis 29 jährigen besonders häufig belastet sind.

Die von der Versicherung R + V in Auftrag gegebene Umfrage zur Angsthäufigkeit wird schon seit 30 Jahren durchgeführt. Befragt werden mehr als 2400 Menschen zu ihren Ängsten in verschiedenen Lebensbereichen. Ihnen wird eine Liste mit 16 als bedrohlich wahrnehmbaren Bedingungen oder Ereignissen vorgelegt. Diesen ist eine gewisse Willkür zu eigen, werden doch von vornherein eigentlich bedeutsame Ängste wie die etwa vor Katastrophen, Wertewandel und zunehmender sozialer Ungleichheit ausgeschlossen. Der Angstindex liegt 2022 bei 42 % und ist 2023 um weitere 3 % angestiegen. Er verdankt sein Niveau vor allem ökonomisch fundierten Ängsten wie der Angst vor steigenden Lebenshaltungskosten (67 %), vor höheren Mieten (58 %), einer Verschlechterung der Wirtschaftslage (57 %) und der vor Steuererhöhungen und Leistungskürzungen (52 %). Auch noch knapp über dem Durchschnittswert liegen gesellschaftsbezogene Ängste (Spaltung der Gesellschaft, Klimawandel) mit 50 bzw. 47 %, knapp darunter die davor, zum Pflegefall zu werden (41 %) und vor Terrorismus (37 %), am unteren Ende des Angst Verursachenden liegen die eigene Arbeitslosigkeit (22 %) und vor Straftaten mit 34 % (R + V 2023).

Frauen sind mit freilich hier nur geringem Abstand ängstlicher als Männer. Mit dem Alter steigt die Angst kontinuierlich an – von 34 % bei den 14 bis 19 jährigen auf 49 % bei den Befragten ab 60. Interessant ist auch, dass der nationale Angstindex inzwischen nur noch zwei Prozent über dem in Westdeutschland liegt.

Bemerkenswert ist der Wandel des Angstniveaus im Laufe der beobachteten Jahre. Lag es 1992 bei 38 %, erreichte es 2005 eine Rekordhöhe von 52 % (die Forscher verweisen zur Erklärung auf den Irakkrieg und die hohe damalige Arbeitslosigkeit), die nach Bewegungen nach unten 2016 erneut erreicht wurde. Seitdem sank das Angstausmaß auf 36 % bis 2022 bis mit dem Beginn des Ukrainekriegs wieder ein Anstieg erfolgte. Die Veränderungen der Angstlandschaft erstrecken sich natürlich auch auf den Stellenwert der einzelnen Ängste. Die Angst vor der schlechter werdenden Wirtschaftslage und die vor Inflation springen 2022 um 17 Plätze nach oben. Auch Naturkatastrophen und der Klimawandel gewinnen deutlich an Bedrohlichkeit und die in der 22er-Umfrage neu aufgenommene Kategorie des unbezahlbaren Wohnens nimmt gleich einen vorderen Platz ein.

Wichtige sozialwissenschaftlich orientierte Untersuchungen zur Verbreitung der Angst haben vor allem Lübke (2019), Blinkert (2015) und Hummelsheim (2015) durchgeführt. Christiane Lübke stützt sich für die Ermittlung des Angstumfangs auf die repräsentativen Daten des Sozio-ökonomischen Panels (SOEP) bis 2016. In dieser einschlägigen Befragung von privaten Haushalten in Deutschland gibt es eine Batterie von 12 Fragen nach persönlichen und gesellschaftsbezogenen Sorgen, die etwa der wirtschaftlichen Entwicklung, der Gesundheit, der Altersversorgung, Umweltfragen, der Kriminalitätsentwicklung und der Zuwanderung gelten. Lübke zieht für ihre Datenanalyse nur die Ergebnisse über große Sorgen heran, was das Angstausmaß natürlich schwinden lässt. 2016 sorgen sich 55,3 % der (West-)Deutschen um den Friedenserhalt, 49,2 % um Ausländerfeindlichkeit, 45,7 % um die Kriminalitätsentwicklung, 44,4 % um die Zuwanderung. Persönliche Sorgen erreichen interessanterweise nur eine deutlich geringere Verbreitung. Die eigene Altersvorsorge sorgt 21,1 %, die eigene Gesundheit 17,2 %. Nur ein niedriger Teil der Befragten äußert Besorgnis über die wirtschaftliche Entwicklung (13,8 %) – was ein Rekordtief darstellt – und die eigene materielle Lage (12,4 %). Lübke erklärt sich diese Differenz mit der gering veranschlagten Einflusschance auf die gesellschaftliche Entwicklung (37).

Für personenbezogenen Sorgen ermittelt Lübke große Unterschiede bei den verschiedenen Bildungsgruppen. „Je höher der höchste Ausbildungsabschluss, desto seltener die Sorgen um die eigene Zukunft" (38). So beträgt die Differenz beim Thema Zuwanderung 26 Prozentpunkte, bei der Kriminalitätsentwicklung 24. Lübke betrachtet die SOEP-Daten auch im Zeitverlauf. Die gesellschaftsbezogenen Sorgen schwanken in Abhängigkeit vom politischen und ökonomischen Wandel sehr stark: bei der wirtschaftlichen Entwicklung z. B. von 11 bis 54 %, beim Friedenserhalt von 25 bis 62, bei der Zuwanderung von 17 bis 44. Die persönlichen Sorgen zeichnen sich dagegen durch weit mehr Stabilität aus. Die eigene wirtschaftliche Situation ängstigt zwischen 5 und 29 %, die Besorgnis um die eigene Gesundheit bewegt sich nur zwischen 16 und 20 %. Für das letzte Erhebungsjahr ergeben sich für sie vergleichsweise niedrige Werte: 5,9 % der Befragten sorgen sich um die Sicherheit des Arbeitsplatzes, 12,4 % um die materielle Lebenslage, 17,2 % um ihre gesundheitliche Situation. Ganz anders sieht es bei gesellschaftsbezogenen Besorgnissen aus. Während das Thema der allgemeinen wirtschaftlichen Entwicklung mit 13,8 % ein Rekordtief erreicht, wird der Frieden als so bedroht wie niemals zuvor (55,3 %) eingeschätzt und Zuwanderung beunruhigt 44 %, was 14 % mehr als im Vorjahr ist. Lübke gelangt gleichwohl zu der Auffassung, dass diese Zunahme, weil nicht generell, zu gering ist, um von einer Angstgesellschaft sprechen zu können (47 f.).

3 Verbreitung und Verteilung der Angst

Qualitativ angelegt ist die unter Leitung von Baldo Blinkert durchgeführte „Freiburger Studie" (Blinkert 2015, Eckert 2019). Sie behandelt Angst als das Gefühl der Bedrohung subjektiver Sicherheit. 405 Personen werden in offenen Interviews danach gefragt, welche Gefahren und Risiken in ihrer Sicherheitswahrnehmung präsent sind. Als für bedrohlich gehaltene Ereignisse werden Normverletzungen („Incivilities", Kriminalität), Katastrophen (Terrorismus, technische Großunglücke, Natur- und Umweltkatastrophen, Kriege), Strukturprobleme (Defizitzustände und Krisen von Gesellschaft, Politik und Staat) und die persönliche Situation (prekäre wirtschaftliche Verhältnisse, Bedrohung zwischenmenschlicher Beziehungen, Unfälle, gesundheitliche Probleme) identifiziert (2015, 46 ff.). Damit erfasst wird freilich nur der Teil der gesellschaftlichen Ängste, der mit Unsicherheitsempfindungen zu tun hat. Immerhin 42 % der Befragten beschreiben Kriminalität als für sie bedrohlich, 30 % befürchten persönliche Unsicherheit durch schwere Krankheit und Pflegebedürftigkeit, 23 % durch Unfälle, 20 % durch Armut im Alter, 15 % durch das Verhalten sozial abweichender Personengruppen, 10 % durch Großunglücke, Naturkatastrophen und Kriege. Alles in allem gelangt Blinkert zu einer deutlich niedrigeren Einschätzung der gesellschaftlichen Angstverbreitung als die quantitativen Untersuchungen.

Auch bei Dina Hummelsheim (2015) findet sich ein gegenüber Blinkert wesentlich höheres Ausmaßergebnis. Sie führt eine repräsentative telefonische Befragung mit 2525 Bundesbürgerinnen und -bürgern ab 18 durch. Dabei werden 12 persönliche und 10 gesellschaftsbezogene Sorgen angesprochen. Was die individuelle Lebenslage anbelangt, beziehen sich fünf der sechs am häufigsten genannten Sorgen auf Probleme der Gesundheit und materiellen Sicherheit. Die Befragten sind zu 41 % besorgt, ein Pflegefall zu werden; 37 % sehen die Gefahr der unzureichenden finanziellen Altersversorgung. 28 % beunruhigt das Risiko, schwerkrank zu werden; 24 % der mögliche Verlust des Kontakts mit einer wichtigen Bezugsperson; 21 % die drohende Arbeitslosigkeit (77 ff.).

Die gesellschaftsbezogene Sorgenlast liegt am stärksten auf der zunehmenden Kluft zwischen arm und reich (73 % der Befragten). Danach werden schadstoffbelastete Lebensmittel (52 %), die Kriminalitätsentwicklung (48 %), Störfälle in Atomkraftwerken (47 %) und zunehmende Arbeitslosigkeit (46 %) als bedrohlich wahrgenommen. Die geringsten Sorgen (18,8 %) macht man sich um mögliche Naturkatastrophen.

Die erhobenen Sorgen verteilen sich ungleich. Frauen äußern größere Besorgnis als Männer. Was das Alter anbelangt, ist die mittlere Gruppe am stärksten betroffen. Die Sorgelast sinkt schließlich mit der Höhe von Bildungsstatus und Einkommen (78 f.).

Die hier mitgeteilten Daten zeigen, meine ich, mehreres: Schwere Angst betrifft ca. ein Siebtel der Deutschen, Sorgen über bestimmte gesellschaftliche Entwicklungen machen sich zu einem bestimmten Zeitpunkt zwischen 20 und 60 % der Befragten, etwa die Hälfte aller vorgegebenen Angstbereiche und Angstquellen wird als bedrohlich eingestuft. Ob diese Verbreitungshöhe schon die Bezeichnung der spätmodernen Gesellschaft als Angstgesellschaft oder Gesellschaft der Angst rechtfertigt, lässt sich sicher ganz unterschiedlich einschätzen. Sie ist aber insofern wohl angemessen, als auch das Betroffensein von Angst einen Grundzug des gesellschaftlichen Zusammenlebens darstellt. Ich bin mir auch sicher, dass bei dem Einsatz anderer Forschungsmethoden deutlich mehr Angsterfahrungen zu Tage treten würden. Bislang ja gefragt wird weit mehr nach stabilen Bewertungen als nach flüchtigen Empfindungen. Um aber die Allgegenwart der Angst in sozialen Beziehungen aufzudecken, müsste qualitativ nach ihrer Bedeutung im Alltag gefragt werden. Auch die Ermittlung der Häufigkeit von Kommunikation über Angst in den Medien hätte sicher Beweiskraft. Mit hoher Wahrscheinlichkeit ließe sich wohl herausfinden, dass noch niemals zuvor so viel und von so vielen über Angst gesprochen wurde. Dies schon deswegen, weil sich das Wissen über bestehende Gefahren und Risiken immens vermehrt hat. Stark erhöht haben sich mit der Etablierung des Wohlfahrtsstaats auch die individuellen Ansprüche auf Sicherheit und Kontrolle. Dies sorgt für das viel diskutierte Angstparadox, welches darin besteht, dass trotz des inzwischen erreichten hohen persönlichen und sozialen Sicherheitsniveaus immer mehr Lebensbedingungen und -ereignisse als bedrohlich bewertet werden.

Nicht unerforscht geblieben ist auch die Art und Weise, in welcher in Abhängigkeit von den je gegebenen Handlungsbedingungen, den Glaubenssystemen und den konkreten Werten und Normen Angst im historischen Wandel empfunden wurde. Die französischen Sozialhistoriker Delumeau (1985) und Duby (2000) riskieren anhand der Auswertung diverser kultureller Quellen einen qualitativen Vergleich. Es zeigt sich erstens, dass in älteren europäischen Gesellschaften existierende verschiedene Ängste – so Angst vor Dunkelheit, Angst vor willkürlicher Gewalt, vor Epidemien, Hexerei, vor dem Teufel, vor der Bestrafung durch transzendentale Autoritäten – als nahezu ausgestorben gelten können oder nur noch ein Randproblem markieren. Zweitens sind bestimmte traditionsreiche Ängste in der Gegenwart in modernisierter Form bestehen geblieben- die Angst vor Schmerzen und dem Tod, die Angst vor machthöheren Menschen, die

Fremdenfurcht, die Angst vor Katastrophen, wenn gleich sie völlig anders bewertet und bekämpft werden. Drittens aber verfügt die Gegenwartsgesellschaft über ihre eigenen neuartigen Ängste, die ihren Grund in Industrialisierung, Digitalisierung, Mediatisierung, Individualisierung und Pluralisierung, Umweltzerstörung und anderem mehr haben. Verweisen ließe sich dafür auf Bindungs- und Trennungsangst, Klimaangst, Abstiegsangst, Leistungs -und Prüfungsangst, Angst vor Bloßstellung, Mobbingangst, Fremdschämen.

Theorien der sozialen Angst

Soziologische Theorien der Angst verbinden deren Auftreten und Verbreitung mit gesellschaftlichen Bedingungen und Prozessen. Thematisiert wird vor allem, wie Angst in sozialen Beziehungen erzeugt und verstärkt wird, wie sie sozial normiert und sonst wie kulturell geprägt wird, wie sie verarbeitet wird und Handlungen und Bewertungen hervorruft. Von den bislang noch spärlichen Erklärungsansätzen stelle ich die drei vor, die mir am interessantesten erscheinen.

4.1 Angst als Grundlage sozialer Konflikte – John Lofland

John Lofland (1985) stößt im Rahmen einer machtkritischen Analyse sozialer Abweichung auf Angst. Sie wird als eine spezielle Konfliktsituation bestimmt, welche sich dadurch auszeichnet, dass sich in ihr mächtige und gut organisierte Minderheiten oder Mehrheiten auf der einen Seite, einzelne Personen oder unorganisierte oder nur kleine Gruppen ohne Macht auf der anderen Seite gegenüberstehen (67 ff.). Loflands Interesse gilt nicht nur den gesellschaftlich geäußerten Befürchtungen, sondern auch den organisierten Aktivitäten zu deren Verhinderung oder Verringerung durch politische Entscheidungen und deren Durchsetzung vom Schutz potenziell bedrohter Interessen bis hin zum Ausschluss von störenden Minderheiten. Angst, Lofland spricht zumeist von Furcht, entsteht durch den Glauben, dass uns das Tun anderer Menschen bei der Verfolgung bestimmter Interessen und Ziele beeinträchtigt- sei es nur in der Form der genuinen Verantwortlichkeit für die Ungewissheit des Ausgangs von Vorhaben, sei es als die Bedrohung durch körperliche Schädigung oder materiellen Verlust (67).

© Der/die Autor(en), exklusiv lizenziert an Springer Fachmedien Wiesbaden GmbH, ein Teil von Springer Nature 2025
F. W. Stallberg, *Die soziale Dimension von Angst*, essentials,
https://doi.org/10.1007/978-3-658-48577-1_4

Thematisiert wird sie als Verhältnis zwischen gesellschaftlichen Akteurinnen und Akteuren, zwischen denen, die sich fürchten und denen, die gefürchtet werden. Diese Beziehung wird nun nach der Stärke der Bedrohtheitsgefühle, der Größe und Organisiertheit der Beteiligten und der Machtdifferenz zwischen ihnen analysiert. Je nach deren Qualität lässt sich zwischen den Konflikttypen Abweichung, Revolte, soziale Bewegungen, Bürgerkrieg und Herrschaft der politischen Eliten unterscheiden. Die Bezeichnungen der einzelnen Konfliktsituationen unterliegen in Abhängigkeit vom Wandel der gesellschaftlichen Machtstruktur steter Veränderung. So können Personen und die Handlungsweisen einer Partei zu dem einen Zeitpunkt als nur abweichend definiert werden, zum anderen Grundlage für die Entstehung von Revolten, sozialkritischen Bewegungen oder Bürgerkrieg sein. Mal markieren sie nur ein Problem von und mit Einzelnen, mal ein soziales und politisches bis hin zu militärischen Auseinandersetzungen.

4.2 Angstentstehung durch soziale Verstärkungsprozesse – Cass Sunstein

Cass Sunstein geht innerhalb einer umfassenden Analyse des Verhältnisses von Angst, Recht und Politik in der deliberativen Demokratie den Entstehungsgründen der Angst nach (Sunstein 2007). Allerdings bezieht sich sein Erklärungsansatz nur auf öffentlich als soziales Problem markierte Risiken (135 ff.). Angst wird als interaktionsorientiert betrachtet. Thematisch im Zentrum befindet sich der Prozess, in dem sich die Definition von Zuständen und Ereignissen als bedrohlich innergesellschaftlich ausbreitet; Sunstein nennt dies Flächenbrand. Dieser wird daraufhin untersucht, wie er im einzelnen verläuft und was ihn bestimmt.

An seinem Anfang steht die öffentliche Prominenz und Verfügbarkeit von Risiken (153 f.). Die Medien machen bestimmte Vorfälle sichtbar und erklären diese zur Gefahrenquelle. Mit der Entdeckung und Anerkennung der jeweiligen Risikoangst setzt nun die je nach Lebenslage unterschiedliche Risikowahrnehmung der Gesellschaftsmitglieder ein. Die gebildeten Angstüberzeugungen werden nun erfolgreich weitergegeben. Sunstein erklärt die bis hin zur Ansteckung gehende Übernahme mit der Wahrscheinlichkeitsvernachlässigung, d. h. vor allem dem schlimmstmöglichen Fall wird Beachtung geschenkt, mit der Verlustaversion von Menschen, einem kollektiven Generalverdacht gegenüber Veränderungen der Lebensumstände und dem Verkennen der systemischen Effekte des Eingriffs in problematische Gefahrenlagen. Was den Prozess der Angstweitergabe von Person zu Person auszeichnet, ist die Form von sozialen Kaskaden: Die an der Angstkommunikation Beteiligten verstärken die sozialen Signale, durch die sie selbst beeinflusst wurden (141 ff.). Diese Kaskaden können die Intensität moralischer Paniken annehmen, aber auch, im Gegenteil, begründete Angst als unnötig erscheinen lassen. Die Spirale der Angstausbreitung wird durch Gruppenpolarisierung weiter vorangetrieben. Diese bedeutet zweierlei: Gruppen haben mehr Angst als Individuen und die Interaktion zwischen Personen mit Angstüberzeugungen erzeugt eine Radikalisierung der jeweiligen Auffassungen. Die Beteiligten nehmen nach dem verstärkenden Austausch eine extremere Position ein als zuvor.

4.3 Funktionsorientierte Theorie der Angst – Andreas Schmitz

Andreas Schmitz (2019) stützt seine theoretische Analyse der Angst auf die Soziologie Bourdieus und deren Konzepte. Er will den Blick weg von der Pathologie und Dysfunktionalität der Angst und hin zu ihrer Genese, Struktur und Funktion lenken (98). Vorgelegt wird eine kritische Analyse ihres Beitrags zu Produktion und Reproduktion sozialer Verhältnisse. Dabei stehen die unterschiedlichen Funktionen der Angst im Vordergrund. Schmitz entdeckt und beschreibt acht Funktionen der Angst:

- Sorgen und Ängste sind Produkt von Sozialisationsprozessen. Sie bilden als Quellen von Anerkennung wie Beschämung einen wichtigen Bestandteil von Habitus und Kapitalformen.
- Aus der situativen Aktualisierung von Angst gehen als Vorgriff auf die Zukunft Unterlassen und Handeln hervor (89). Diese soziale Praxis gründet sich auf Interessen und Desinteressen. Es fließen in ihr die individuellen Weisen von Weltaneignung und Weltbezug zusammen.
- Angst wird, sofern sie als solche erkannt ist, mal offen mitgeteilt, mal eher verschwiegen. In der Angstkommunikation wird symbolische Herrschaft vermittelt und aktualisiert. Diese kann genauso Gemeinschaft stiftender Art sein, wie auch von anderen entfernen, wenn die jeweilige Angst nicht geteilt wird oder sogar auf Ablehnung stößt (90). In gesellschaftlichen Diskursen über Angst werden einige hervorgehoben, andere relativiert, wieder andere delegitimiert.
- Mit der Anerkennung symbolischer Herrschaftsverhältnisse ist häufig eine Verschleierung der Angst verbunden. Das heißt, ihr gesellschaftlicher Entstehungs- und Bedeutungskontext wird ausgeblendet, und sie wird deshalb nur als persönliches Geschehen, etwa als Scham und Schuld, erlebt und definiert (92).

- Ängste leisten auch einen wichtigen Beitrag zur Legitimation symbolischer Herrschaft (92 f.). Sie lassen sich, so Schmitz, nach ihrem jeweiligen Legitimitätsgrad und nach ihren Legitimierungseffekten unterscheiden. Das bedeutet, manche Ängste können erfolgreich legitime Geltung beanspruchen, anderen bleibt der Status als begründete Sorge verwehrt und sie werden als irrational oder gar pathologisch abgewertet und damit auch diejenigen, welche sie haben. Delegitimiert können nicht nur die Gefühlsäußerungen selbst werden, sondern auch Haltungen, die lediglich auf Angst beruhen.
- Ängste können an die Stelle direkter Herrschaft und Gewaltausübung treten (95). Sie sind als „ansozialisierendes" Gefühl für die Reproduktion der eigenen sozialen Position bestens geeignet.
- Angst wirkt an der Produktion und Transformation sozialer Klassen mit – etwa durch Bildung gruppeninterner Solidarität, durch die Ablehnung außenstehender Akteure und durch Praktiken des Selbstausschlusses (95). Sie strukturiert den Sozialraum und wird in dieser Funktion zum Bestandteil symbolischer Kämpfe.
- Durch all diese Leistungen gewinnt die Angst eine bedeutsame sozialintegrative Funktion (96 f.). Sie lässt als „Staatsfurcht" Werte übernehmen, Normen befolgen und Herrschaftsverhältnisse anerkennen.

Angst und Politik 5

Von besonderem Interesse für die sozialwissenschaftliche Angstforschung ist die organisierte Bearbeitung von Bedrohtheitsgefühlen durch staatliche Institutionen und andere gesellschaftliche Akteure. Es gibt eine Politisierung der Angst auf der einen, eine Angstorientierung der Politik auf der anderen Seite. Die Bedeutung der Angst in der und für die Politik wird seit jeher untersucht. Prominente Beiträge haben im Wandel der Geistesgeschichte etwa Machiavelli, Hobbes, Carl Schmitt und Foucault geleistet (Balke 2013). Eine weithin geteilte Annahme ist, dass Angst eine prägende Kraft für die Grundlagen und Handlungsformen von Herrschaftssystemen darstellt. In der aktuellen wissenschaftlichen Diskussion dominiert eine kritische Perspektive. Kritik wird vor allem auf die Machtausübung durch Angstnutzung und Angstherstellung gerichtet. Sodann auf die Konzentration politischen Handelns auf die Bekämpfung der Angst. Und schließlich auf die Erzeugung von Angst durch populistische Gruppen speziell in Wahlkampfzeiten. Woran es noch fehlt, ist die Umsetzung der geübten Kritik in Ansätze zur organisierten Reduzierung von Entstehungsgründen und Folgen sozialer Angst. Hier könnte es etwa um die Auflösung von Leistungsdruck, Drohsystemen, um die Bekämpfung von Zwang, Gewalt, Diskriminierung und Demütigung und die Sicherung von Wohlbefinden, Lebenschancen und Gerechtigkeit gehen.

Die Grundargumente in der Angst und Politik-Debatte lassen sich so beschreiben:

- Angst ist eine machtvolle politische Ressource oder sogar die wichtigste affektive Basis des Regierens in der liberalen Demokratie (Barbetz 2018, 74).

- Politik und Gesellschaft lassen sich als Resultat der permanenten Auseinandersetzung um die Thematisierung, Instrumentalisierung und Neutralisierung von Angst verstehen (Peckham 2024).
- Angst wird eingesetzt und mobilisiert, um den Status quo zu erhalten (Fratzscher 2023).
- Angst entpolitisiert, reduziert staatliche Souveränität auf die Erzeugung, Anerkennung, Beschwichtigung und Bekämpfung einer Vielzahl von Ängsten. Die Art ihrer Bearbeitung gibt eine Krise der Politik zu erkennen.
- Der Vorwurf des Schürens von Ängsten ist eine beliebte Waffe in der tagespolitischen Auseinandersetzung
- Obgleich viel verwendetes Macht- und Kontrollmittel bleibt der gesellschaftliche Umgang mit Angst ihrer vielgestaltigen und wandelhaften Eigenschaften wegen hoch riskant und anfällig für negative Effekte.

Die im einzelnen vertretenen Problemzugänge unterscheiden sich bei allen Gemeinsamkeiten doch beträchtlich. Ich werde die drei, die ich am interessantesten finde, kurz vorstellen. Sie stammen von Frank Furedi, Rainer Mausfeld und Eva Illouz.

5.1 Politik der Angst – Frank Furedi

Von Frank Furedi, einem sich als Vertreter des humanistischen Paradigmas verstehenden britischen Soziologen stammt die wohl meistzitierte Analyse der Angst als machtvollem Politikgegenstand (Furedi 2005, 2006). Für ihn ist das gegenwärtige Zeitalter von einer anti-humanistischen Wende gekennzeichnet (2005, 168). Es herrschen Vorsicht und die Angst vor Veränderung und, darüber hinaus, die allgemeine Erschöpfung der Menschen und ihre Entfremdung vom öffentlichen Leben. In der Angstgesellschaft ist das Modell des autonomen Subjekts durch das eines passiven und desorientierten, auf die Unterstützung staatlicher Institutionen angewiesenen Individuums abgelöst. So wie es einerseits eine Entpolitisierung der Gesellschaft gibt, vollzieht sich andererseits eine Politisierung der Angst.

Die Politik der Angst, wie Furedi sie beschreibt, lebt erstens von der Akzeptanz und Legitimität der Furchtsamkeit als Haltung zum Leben und der inflationären Verbreitung eines Bedrohungsbewusstseins, stützt sich zweitens auf das weithin durchgesetzte Verwundbarkeitsparadigma mit der Wertschätzung der Suche nach Hilfe, dem Vorherrschen von Risikoaversion, der Betonung des Anspruchs auf Identität und der Überforderung durch eine negative Zukunft.

Sie wird auch von einer Atmosphäre von Menschenfeindlichkeit und Zynismus getragen (2005, 167).

Angstpolitik ist ein zutiefst manipulatives Vorhaben, das es den Gesellschaftsmitgliedern erspart oder diese sogar daran hindert, sich selbst mit Angst auseinander zu setzen. Sie arbeitet bevorzugt mit Gesundheits- und Sicherheitspaniken, welche in dem Medien Ausdruck finden. Und sie umfasst sowohl das Entwerfen und Organisieren von alarmistischen Angstkampagnen als auch danach die Bekämpfung diverser Angstfolgen.

Wie ist nun die Politik der Angst insgesamt einzuschätzen? Furedi bewertet sie als eine deformierte Politik, die ihren eigentlichen Gegenstand verloren hat (2006, 4).

5.2 Angsterzeugung als Machttechnik in der kapitalistischen Demokratie – Rainer Mausfeld

Rainer Mausfeld hat es mit seiner Analyse systematischer Angstherstellung in der kapitalistischen Demokratie gar zu einem Spiegelbestseller gebracht (Mausfeld 2021). Angst gilt ihm als eine existentielle Grunderfahrung, deren Verbreitung durch die Folgen wachsender Ungleichheit und prekärer Arbeitsverhältnisse, durch die Sicht des beruflichen Scheiterns als Flexibilitätsmangel und durch den Verfall traditionell mit Angstlinderung befasster Institutionen in stetigem Wachsen begriffen ist (10 f.). Was sie nun besonders auszeichnet, ist ihre Eignung als zentrale Machts- und Herrschaftstechnik. In allen gesellschaftlichen Bereichen, besonders aber in Recht, Bildung und Ausbildung kommt sie, mal struktur-, mal subjektorientiert zum Einsatz. Mausfeld unterscheidet zwischen traditionellen Wegen der Angsterzeugung im Kapitalismus und solchen, die erst der Neoliberalismus hervorgebracht hat (64 ff.)

Wie vollzieht sich nun Angsterzeugung im Neoliberalismus? Sie fußt zum ersten auf der Schaffung notwendiger Rahmenbedingungen, nämlich der Befreiung der Märkte von demokratischer Kontrolle, der Sicherung der Eigentumsordnung, dem Schutz vor Veränderung der sozialen Ungleichheit, dem Hervorbringen von Möglichkeiten zum Erhalt leistungsfreier und nur gering besteuerter Einkommen, Sicherung des Marktes durch öffentliche Subventionen und schließlich der Erweiterung der Möglichkeiten, die Kriminalität der besitzenden Klassen zu legalisieren (67).

Eine zweite Form der Angsterzeugung vollzieht sich als systematische Förderung von subjektiven Gefühlen der Undurchschaubar- und Unbeinflussbarkeit. Die Verbreitung der Unwissenheit über die Beschaffenheit der gesellschaftlichen

Verhältnisse lässt die Menschen die eigene Umwelt als unvorhersehbar und unberechenbar erleben, erzeugt das Gefühl des Kontrollverlustes und als Folge soziale Angst, welche nicht mehr durch eigenes Handeln bewältigt werden kann (78).

Angst wird, so Mausfeld, drittens durch Prekarisierung, die er als neueste „Taktik der Herrschaftssicherung des Kapitals" (80) beschreibt, erzeugt. Prekarisierung bedeutet, die Grenzen zwischen Armut und Erwerbsarbeit werden zunehmend fließend, Unsicherheit wird zum Dauerzustand, es droht jederzeit der soziale Abstieg.

Eine vierte Variante der Angstproduktion stützt sich schließlich auf die Verbreitung der Ideologie des unternehmerischen Selbst. Mit ihr werden Marktprinzipien auch auf die interne Organisation des Selbst übertragen (81 ff.).

Besonderes Augenmerk richtet Mausfeld auf die Folgen systematischer Prekarisierung als Psychotechnik der Herrschaftsstabilisierung. Prekarisierung erzeuge zunächst Realangst. Durch die Erfahrung von Ohnmacht und Überforderung und den Glauben an die eigene Verantwortlichkeit für Statusverlust verwandelt sie sich aber in lähmende Binnenangst, welche an traumatisierende Situationen bindet und zu einer Übernahme der „Täterperspektive" führt. Diese Transformation der Angst, Mausfeld spricht von Traumatisierungsspirale, betraf zunächst die klassischen Verlierer der neoliberalen Gesellschaftsordnung. Inzwischen werden über das Prekariat hinaus aber auch Mittelschichtangehörige von wachsenden Unsicherheitsgefühlen und ihren Folgen heimgesucht (93).

5.3 Furcht als Hausgespenst der liberalen Demokratie – Eva Illouz

Die prominente, auch in angesehenen Tages- und Wochenzeitungen regelmäßig publizierende israelitische Soziologin Eva Illouz analysiert Furcht und ihre politische Bearbeitung in einer Studie zum aktuellen Wandel der Gefühlskultur in der westlichen Moderne (Illouz 2024, 192 ff.). Furcht, welche sie zunächst im herkömmlichen Sinn von Angst unterscheidet, dann aber auch zur Bezeichnung sämtlicher Bedrohtheitsgefühle verwendet, ist für sie „die emotionale Reaktion auf eine wahrgenommene Bedrohung des eigenen Wohlbefindens oder der körperlichen Unversehrtheit" (192). Sie gilt ihr als das bedeutsamste aller Gefühle, als eine negative Grundlage der liberalen Demokratie. Diese zieht ihre zentrale Legitimation daraus, Furcht von der Gesellschaft fernzuhalten, und Fortschritt erweist sich darin, dass dies gelingt (201).

Tatsächlich ist es staatlicherseits gelungen, das Furchtniveau durch die gesellschaftliche Integration zuvor diskriminierter Bevölkerungsgruppen zu senken.

5.3 Furcht als Hausgespenst der liberalen Demokratie – Eva Illouz

Trotzdem bleibt Furcht aber das „Hausgespenst" der liberalen Demokratie. Sie erfährt gerade eine Vervielfachung (202 ff.) Weil nämlich erstens ja das Erkennen, Benennen, Interpretieren und Beseitigen von Bedrohungen als Legitimation gebraucht wird. Der Erfolg der Kontrolle von Formen und Inhalten der gesellschaftlichen Ängste bestimmt über den Status in der politischen Arena. Allerdings hat die Herstellung von Sicherheit den paradoxen Effekt, dass sich die Erwartungen an sie verstärken und dass sich Bedrohtheitsgefühle vermehren.

Der zweite Grund der Angstausbreitung besteht darin, dass nach wie vor äußere Feinde, welche die eigenen Interessen und Einflusschancen bedrohen, identifiziert und in der einen oder anderen Weise bekämpft werden. Unter bestimmten Bedingungen kann diese Furcht auch innergesellschaftlich ihren Niederschlag finden.

Angst tritt in der liberalen Demokratie in zwei gegensätzlichen Formen auf, das sind die bellizistische und die pastorale Furcht. Die erste ist, Illouz zufolge, nur noch schwach weiterhin vorhanden. Sie gewinnt aber durch eine gesellschaftliche Militarisierung gegenwärtig wieder an Bedeutung (224 ff.). Sie ist eine Furcht, welche Gewinner und Verlierer kennt, sie unterscheidet zwischen Freund und Feind, bewertet Fremdgruppen als bedrohlich und erzeugt die Bereitschaft zu Verteidigung und auch Angriff. Ihr Herbeiführen und Verstärken ist vor allem Sache der politischen Rechten.

Pastorale Furcht gründet sich auf der Verantwortlichkeit des Wohlfahrtsstaates für Wohlergehen und Lebensdauer der Bürger (225). Und sie verbindet sich mit dem Prozess der gesellschaftlichen Medikalisierung. Ihren stärksten Ausdruck fand sie in der planetarischen Coronakontrolle der frühen 2020er Jahre. Pastorale Furcht ist „in Vorsicht, Risikoberechnung und Rationalität" (223) eingebettet. Jede und jeder wird von ihr ergriffen. Schließlich ist die vorsorgliche Bedrohtheit, anders als die Angst des Schlachtfelds, ein etabliertes Diskursthema. Sie wird von Expertinnen kontrovers formuliert und gedeutet und steht stets auch unter Erfindungs- und Manipulationsverdacht.

Was Sie aus diesem *essential* mitnehmen können

- Angst lässt sich nicht nur psychologisch, sondern auch sozialwissenschaftlich bestimmen
- Wir leben gegenwärtig in einer Gesellschaft der Angst
- Wir können nun unsere Ängste als vielfach von unseren Mitmenschen gemacht erkennen
- Angst wird von interessierten Institutionen und Gruppen fortwährend genutzt, um Macht und Herrschaft zu stabilisieren

Literatur

Ahrens, J. 2013. Soziologie der Angst. In: Angst. Ein interdisziplinäres Handbuch, hrsg von L. Koch, 61–70, Stuttgart-Weimar: Metzlersche Verlagsbuchhandlung.
Ambühl, H., B. Meier und U. Willutzki 2001. Soziale Angst verstehen und behandeln. Ein kognitiv-verhaltenstherapeutischer Zugang. Stuttgart: Klett-Cotta.
Balke, F. 2013. Politik der Angst. In: Angst. Ein interdisziplinäres Handbuch, hrsg. von L. Koch, 80–93, Stuttgart-Weimar: Metzlersche Verlagsbuchhandlung.
Bargetz, B. 2018. Politik und Angst. Oder: homo neuroticus und der Spuk nationaler Souveränität. Prokla 48, (1), 73–89.
Baumann Z. 2021. Liquid Fear. Fließende Angst. Wien-Hamburg: Edition Konturen.
Beck, U. 1986. Risikogesellschaft. Auf dem Weg in eine andere Moderne. Frankfurt a.M.: Suhrkamp.
Beck, U. 2007. Weltrisikogesellschaft. Auf der Suche nach der verlorenen Sicherheit. Frankfurt a. M.: Suhrkamp.
Beck, U. 2007a. Die Angst ist zur Mitte gewandert. https://www.welt.de/print-welt/article719955/Die-Angst-ist-zur-Mitte-gewandert.html.
Betzelt, S. und I. Bode. 2017. Angst im Sozialstaat – Hintergründe und Konsequenzen. WISO direkt 38, 1–4.
Betzelt, S. und Bode, I. 2018. Einleitung: Angst im neuen Wohlfahrtstaat. In: Angst im neuen Wohlfahrtsstaat. Kritische Blicke auf ein diffuses Phänomen, hrsg. von S. Betzelt und I. Bode, 9–28, Baden-Baden: Nomos.
Blinkert, B. 2015. Drei Sicherheiten. Offene Methoden in der Sicherheitsforschung. Zur empirischen Kritik von Forschungsergebnissen. In: Sichere Zeiten? Gesellschaftliche Dimensionen der Sicherheitsforschung, hrsg. von P. Zoche, S. Kaufmann und H. Arnold, 45–66, Berlin: LitVerlag.
Böhme, H. 2000. Leibliche und kulturelle Kodierungen der Angst. In: Große Gefühle. Bausteine menschlichen Verhaltens, hrsg. vom ZDF-Nachtstudio, 214–239, Frankfurt a.M.: Suhrkamp.
Bude, H. 2014. Gesellschaft der Angst. Hamburg: Hamburger Edition.
Butollo, W. 2015. Die Angst ist eine Kraft. Über die aktive und kreative Bewältigung von Alltagsängsten. München: Herbig.
Claessens. D. 1966. Angst, Furcht und gesellschaftlicher Druck und andere Aufsätze. Dortmund: Verlagsbuchhandlung Fr. W. Ruhfus.

Cohen, S. und L. Taylor. 1990. Ausbruchsversuche. Identität und Widerstand in der modernen Lebenswelt. Frankfurt a. M.: Suhrkamp.

Dehne, M. 2017. Soziologie der Angst. Konzeptuelle Grundlagen, soziale Bedingungen und empirische Analysen. Wiesbaden: Springer VS.

Delumeau, J. 1985. Angst im Abendland. Die Geschichte kollektiver Ängste im Europa des 14. bis 18. Jahrhunderts. Reinbek: Rowohlt.

Dreitzel, H.-P. 1992. Reflexive Sinnlichkeit. Mensch – Umwelt -Gestalttherapie. Köln: EHP.

Dreitzel, H.-P. 2001. Soziologie der Angst. Gestalttherapie 15 (2), 41–58.

Dreizel, H.-P. 2003. Aktuelle Überlegungen zur Soziologie der Angst In: Angst als Ressource und Störung – Interdisziplinäre Aspekte, hrsg. von F.-M. Staemmler und R. Merten, 17–36, Paderborn: Junfermann.

Duby, G. 1996. Unseren Ängsten auf der Spur. Vom Mittelalter zum Jahr 2000. Köln: DuMont.

Eckert, J. 2019. Gesellschaft in Angst? Zur theoretisch-empirischen Kritik einer populären Zeitdiagnose. Bielefeld: transcript.

Fratzscher, M. 2023. Angst als Instrument der Macht https://www.diw.de/de/diw_01.c.882253.de/nachrichten/angst_als_instrument_der_macht.html.

Furedi, F. 2005. Politics of Fear. London-New York, Continuum.

Furedi, F. 2006. Die Politik der Angst. Politik scheint es heute nur noch als Karikatur ihrer selbst zu geben. https://www.novo-argumente.com/artikel/die_politik_der_angst.

Haubl, R. 2017. Die Angst in der Moderne – das Gefühl persönlich zu versagen oder sogar nutzlos zu sein. In. Modernes Leben in der Moderne, hrsg. von S. Busse und K. Beer, 83–100. Wiesbaden: Springer VS.

Hicklin, A. 1989. Das menschliche Gesicht der Angst. Zürich: Kreuz Verlag

Hummelsheim, D. 2015. Subjektive Unsicherheit und Lebenszufriedenheit in Deutschland. In.: Sichere Zeiten? Gesellschaftliche Dimensionen der Sicherheitsforschung, hrsg. von P. Zoche, S. Kaufmann und H. Arnold, 67–89. Berlin: LitVerlag.

Kaufmann, F.-X. 1970. Sicherheit als soziologisches und sozialpolitisches Problem. Untersuchungen zu einer Wertidee hoch differenzierter Gesellschaften. Stuttgart: Enke.

Lieb, R., A. Schreier und N. Müller 2003. Epidemiologie von Angststörungen. Psychotherapie 8, 86–102.

Lofland, J. 1975. Abweichung als Form sozialen Konflikts. In: Abweichung und Kriminalität. Konzeptionen. Kritik, Analysen, hrsg. von F. W. Stallberg, 63–75, Hamburg: Hoffmann und Campe.

Lübke, C., und J. Delhey Hrsg. 2019. Diagnose Angstgesellschaft? Was wir wirklich über die Gefühlslage der Menschen wissen. Bielefeld: transcript.

Luhmann,N. 1986. Ökologische Kommunikation. Kann die moderne Gesellschaft sich auf ökologische Gefährdungen einstellen? Opladen: Westdeutscher Verlag.

Martin, S. 2020. Von der Zeitdiagnose zur Gesellschaftswissenschaft der Angst. Eine Einführung. In: Angst in Kultur und Politik der Gegenwart. Beiträge zu einer Gesellschaftswissenschaft der Angst, hrsg. von S. Martin und T. Linpinsel, 1–19. Wiesbaden: Springer VS.

Mausfeld, R. 2021. Angst und Macht. Herrschaftstechniken der Angsterzeugung in kapitalistischen Demokratien. Frankfurt a.M.: Westend Verlag.

Peckham, R. 2023. Fear. An Alternative History of the World. London: Profile Books.

R + V Versicherung. 2023. Die Ängste der Deutschen 2022. https://www.ruv.de/newsroom/themenspezial-die-aengste-der deutschen.

Robert-Koch Institut. 2004. Angststörungen. In: Gesundheitsberichterstattung des Bundes, H.21.

Robert Koch Institut. 2023. Aktuelle Ergebnisse zur Entwicklung der psychischen Gesundheit der erwachsenen Bevölkerung bei hochfrequenter Beobachtung. Mental- Health Surveillance Bericht. Quartal 2.

Schmitz, A. 2019. Angstverhältnisse – Angstfunktionen. Angst im Kontext symbolischer Herrschaft und symbolischer Ordnung. In. Diagnose Angstgesellschaft? Was wir wirklich über die Gefühlslage der Menschen wissen, hrsg. von C. Lübke und J. Delhey, 77–104. Bielefeld: transcript

Schwarzer, R. 1981. Streß, Angst und Hilflosigkeit. Die Bedeutung von Kognitionen und Emotionen bei der Regulation von Belastungssituationen. Stuttgart: Kohlhammer.

Sunstein, C. R., 2007. Gesetze der Angst. Jenseits des Vorsorgeprinzips. Frankfurt a. M.: Suhrkamp.

Vester, H.-G. 1991. Emotion, Gesellschaft und Kultur. Opladen. Westdeutscher Verlag

Weber, M. 1972. Wirtschaft und Gesellschaft. 5., revidierte Auflage. Studienausgabe. Tübingen: J.C.B. Mohr.

Wilkinson, I. 2001. Anxiety in a Risk Society. London-New York: Routledge.

MIX
Papier aus verantwortungsvollen Quellen
Paper from responsible sources
FSC® C105338

If you have any concerns about our products,
you can contact us on
ProductSafety@springernature.com

In case Publisher is established outside the EU,
the EU authorized representative is:
**Springer Nature Customer Service Center GmbH
Europaplatz 3, 69115 Heidelberg, Germany**

Printed by Libri Plureos GmbH
in Hamburg, Germany